Manfred G. Langer
Herausgeber

Gesund werden – gesund bleiben mit SonnenKost

SonnenKost

Manfred G. Langer
Herausgeber

Gesund werden – gesund bleiben mit SonnenKost

Waldthausen

SonnenKost

4. Auflage 1995

Satz und Gestaltung: Agentur & Satz, Ritterhude
Druck: Buchdruckwerkstätten Hannover

ISBN 3-926453-32-X

Printed in Germany

Inhaltsverzeichnis

Vorwort

Fit für's Leben mit SonnenKost
Manfred G. Langer

In Zusammenarbeit mit *Marilyn Diamond* (Co-Autorin der beiden Bestseller »Fit für's Leben« Teil I und II) haben wir für den deutschen Sprachbereich das Buch »Neue Eßkultur mit SonnenKost« herausgebracht. Diesem Buch liegt das in den USA erschienene erfolgreiche Buch »A New Way of Eating« zugrunde, das sowohl Rohkostrezepte als auch Rezepte für gekochte und gebackene Rezepte enthält.

In diesem neuen Buch werden vorwiegend SonnenKost-Rezepte, also Rezepte von Rohkostgerichten vorgestellt, aber für Neulinge auch Rezepte für sogenannte »Übergangskost«, bei der es sich auch um gekochte, gebackene und gebratene Gerichte handelt, die es dem Umstellungswilligen leichter machen, sich auf die für ihn neue Kostform, die SonnenKost, einzustellen. Die Wertigkeit wird mit 1–5 Sternchen gekennzeichnet, so daß der Leser sofort weiß, ob er es mit reiner SonnenKost oder mit einem mehr oder weniger abgewandelten Gericht zu tun hat.

Dieses Ihnen vorliegende kleine Buch ist eine gekürzte Version, die besonders für »Neu-Einsteiger« gedacht ist.

Sie erhalten hiermit einen kleinen Vorgeschmack, und es wird Ihnen leichtfallen, mit der Zubereitung von SonnenKost-Gerichten zu beginnen, die im übrigen auch laufend in »Fit fürs Leben« – die Zeitschrift für Ihre Gesundheit* veröffentlicht werden.

Guten Appetit und viel Erfolg auf dem Wege zu einer gesunden Lebensweise!

*Die alle zwei Monate erscheinende Zeitschrift »Fit fürs Leben« können Sie beim Waldthausen Verlag, 27718 Ritterhude, Stendorfer Straße 3, abonnieren.

Vorwort

Marilyn Diamond

Wir hören immer mehr über die Gefahren bestimmter Nahrungsmittel und die Bedeutung richtiger Eßgewohnheiten, um gesund zu bleiben. Die Menschen werden ständig gesundheitsbewußter und sie fragen häufig, was sie ändern sollen.

Wenn Sie gesund sein wollen und das richtige Körpergewicht haben wollen, kann Ihnen dieses kleine Buch helfen, die nötigen Änderungen in Ihrer Ernährungsweise vorzunehmen, ohne daß Sie Ihre alten Gewohnheiten vollkommen aufgeben müssen. Für einige von Ihnen wird die Umstellung auf SonnenKost sehr schnell gehen, für andere wird es etwas länger dauern. Es kommt aber nicht auf das Tempo, sondern auf die richtige Richtung an.

Wenn wir uns jahrzehntelang daran gehalten haben, möglichst zu jeder Mahlzeit Fleisch, Milchprodukte, Brot sowie Salat, Gemüse und Früchte im Namen einer »ausgewogenen« Ernährung gleichzeitig zu essen, hat dies dazu geführt, daß fast 90 Prozent der Bevölkerung in den USA und – soweit mir bekannt ist – über 60 Prozent in den meisten europäischen Ländern übergewichtig und in irgendeiner Weise krank ist. Für »Magenbitter« und Tabletten gegen saures Aufstoßen und Sodbrennen werden jedes Jahr viele Millionen ausgegeben. Die Überbewertung von tierischem Eiweiß hat zu einer weitverbreiteten Eiweißvergiftung bei den Menschen geführt. Übergewicht, Zellulitis, Arteriosklerose, Arthritis, Gicht, Allergien, Hauterkrankungen, Depressionen, Gereiztheit und vieles andere mehr sind die Folgen. Deshalb ist es höchste Zeit, daß wir unsere Ernährung neu ausrichten und eine neue Eßkultur schaffen, bei der wir wieder gesund werden und auch gesund bleiben.

In diesem kleinen Büchlein wird nur ein kleiner Ausschnitt an Rezepten vorgestellt. Weitere Rezepte finden Sie in unseren Büchern »Fit für's Leben« Teil I und »Fit für's Leben« Teil II sowie in dem reich bebildertem Buch »Neue Eßkultur mit SonnenKost«.

Gesund werden – gesund bleiben mit SonnenKost

Viele Menschen scheuen sich vor einer Ernährungsumstellung auf Rohkost, da sie meinen, die Mahlzeiten bestehen dann nur aus einer Mohrrübe, einem Kohlrabi oder einem Apfel aus der Hand. Nun, so kann man es machen. Es spart viel Zubereitungszeit, und Sie bekommen beim direkten Verzehr – ohne Schneiden, Raspeln, Pürieren – uneingeschränkt alle Vitalstoffe, denn Sie verlieren keinen Saft, es werden keinerlei Faserstoffe abgetrennt wie z.B. beim Saftpressen und es kann keine Oxidation an der Luft erfolgen, z.B. Braunwerden bei Äpfeln, Bananen usw.

Seit Generationen sind wir es nun aber gewohnt, daß unsere Speisen schön zubereitet werden, das Auge ißt schließlich mit. Wir haben deshalb SonnenKost-Rezepte ausgewählt, die es Ihnen leichtmachen, sich auf eine bessere, gesündere Ernährungsweise umzustellen.

SonnenKost-Gerichte können genauso appetitlich und schön angerichtet werden wie z.B. Gerichte der »nouvelle cuisine«. Darauf hat *Marilyn Diamond* in ihren Büchern großen Wert gelegt und nicht zuletzt wohl deshalb so viel Erfolg gehabt.

Bei den Rezepten und der Art der Zubereitung beschränken wir uns auf das Wesentliche, so daß Ihren eigenen Gestaltungsmöglichkeiten noch viel Platz bleibt.

Was ist SonnenKost?

»SonnenKost besteht aus sonnengereiftem Obst, sonnengereiften Gemüsefrüchten, Nüssen, Saaten und Samen sowie mit Sonnenlicht gewachsenen Salaten und Gemüse, die ganz frisch, allein oder in richtiger Kombination verzehrt werden.«

SonnenKost

Diese Kostform ist ein tragendes Element der »Natürlichen Gesundheitslehre«.*

SonnenKost unterscheidet sich in vielerlei Hinsicht von vegetarischer Kost, Vollwertkost, Schnitzerkost, Waerland-Kost, Bircher-Benner Müsli oder makrobiotischer Kost.

»SonnenKost« ist »lebendige Nahrung«. Nach Möglichkeit soll sie bioorganisch oder bio-dynamisch angebaut werden, d. h. ohne Kunstdünger und Schädlingsbekämpfungsmittel.

Unsere heutigen Essensgewohnheiten, d. h. vorwiegend gekochtes Essen mit viel Salz und Gewürzen, fetthaltige Nahrung und viel konzentrierte Eiweißnahrung wie Fleisch, Fisch, Geflügel, Eier und Milchprodukte, ergeben eine ständige langsame Verschlackung des Körpers. Dies hat noch schlimmere Auswirkungen, wenn Bewegungsmangel vorliegt oder wenn jemand dauernd unter Streß steht.

Der Körper wird auf diese Weise fortwährend von seinen eigenen Abfällen (Schlacken), die er nicht schnell genug ausscheiden kann, vergiftet. Zusätzlich vergrößert ungeeignet zusammengestellte Nahrung noch die Schlackenansammlungen.

Daß auch Sie verschlackt sind, können Sie leicht bei sich selbst folgendermaßen feststellen: Wenn Sie jegliche Nahrung außer Wasser für 24 bis 36 Stunden weglassen, also Fasten, ist Ihre Zunge belegt, weiß und pelzartig. Der Atem wird gewöhnlich übelriechend. Da dies fast bei allen Menschen passiert, die Fleischprodukte und/oder gekochtes Essen mit Salzen zu sich nehmen, können Sie ziemlich sicher sein, daß auch Ihr Körper in einem größeren oder kleineren Ausmaß vergiftet ist.

Fast alle körperlichen Probleme entstehen durch Verschlackung (Vergiftung)! Wenn der Körper schließlich aus Verzweiflung eine Entgiftung einleitet (z. B. durch eine Erkältung, Grippe, Allergie, Kopfschmerzen, Rückenschmerzen, Fieber, Husten, brennende Augen, Akne, Herpes usw.), dann sollten Sie wissen, was Ihr Körper tut, warum er es tut und müssen mit ihm zusammenarbeiten. Anstatt die Heilbemühungen Ihres Körpers durch Medikamente oder sonstige Behandlungen zu unterdrücken, sollten Sie ins Bett gehen und sich ausruhen. Dadurch erlauben Sie Ihrem Körper, **Energie für Heilzwecke** zur Verfügung zu stellen. Essen Sie also nichts! Der Körper hat ausreichende Energiereserven. Essensaufnahme und Verdauungsprozesse würden nur noch mehr körperliche Energien von der Entgiftung und Heilung fernhalten. Durch Ausruhen und Fasten während der Krise werden Erfolge in einem minimalen Teil der Zeit, die sonst zur Genesung erforderlich wäre, erreicht. Wofür braucht Ihr Körper die meiste Energie? Laufen, Arbeit, Sport, Streß? Ihre **Verdauung** braucht die mei-

*Nähere Informationen über die »Natürliche Gesundheitslehre« erhalten Sie bei der Gesellschaft für natürliche Lebenskunde e. V., 27723 Worpswede, Postfach 1212.

ste Energie! Deshalb fühlen Sie sich nach einem schweren Essen auch müde.

Die Probleme Ihres Körpers werden durch nicht ausgeschiedene Schlacken = Gifte verursacht. Wenn der Körper diese Giftansammlungen nicht mehr tolerieren kann, löst er eine Krankheit aus, um sich selbst zu entgiften und die Schäden zu reparieren. Für diesen Vorgang braucht Ihr Körper seine Energiereserven. Deshalb fühlen Sie sich ziemlich erschöpft. Also nochmals: Nichts essen! Fasten Sie! Außer reinem Wasser keine Nahrung zu sich nehmen! Bleiben Sie die meiste Zeit im Bett, möglichst in einem sonnigen Zimmer mit viel frischer Luft. Viel Ruhe und Schlaf versetzen den Körper relativ rasch in die Lage, seine Gesundheit schnell zurückzuerlangen.

Wenn Sie anfangen, sich wieder besser zu fühlen, keine erhöhte Temperatur mehr haben, wieder Hunger haben, so beginnen Sie mit Früchten oder selbst gepreßten Fruchtsäften. Kein Haferbrei mit Milch! Das belastet den Körper nur wieder!

Inzwischen gibt es zusätzliche Literatur über die SonnenKost wie z. B. von *Marilyn Diamond* »Neue Eßkultur mit SonnenKost«, *Patrick Geryl* »Topfit mit SonnenKost«, *Jan* und *Inge Dries* »Lebensmittel richtig kombinieren«, *Dr. Ralph Cinque* »Neue Lebensgewohnheiten«, *Dr. Henry L.N. Anderson* »Ihre Gesundheit liegt in ihrer Hand«, *Divna Omaljev-Bongartz* »Tagebuch einer Schwangerschaft mit SonnenKost«.

Ernährungsumstellungen auf SonnenKost eventuell mit vorheriger Fastenkur können Sie im GesundheitsPark Dreibergen, Bad Zwischenahn, durchführen. Hier werden auch Dauerbrausen, Darmspülungen, Massagen, Ausscheidungskuren im Tepidarium (Niedrigtemperatur-Sauna), Schönheitskuren mit Naturkosmetik usw. angeboten.

Drei Ernährungsgrundsätze

Damit Sie verstehen, warum an der Sonne gereifte Früchte, frische Salate und Gemüse am besten für Ihre Gesundheit sind, möchte ich jetzt auf die 3 wichtigsten Ernährungsgrundsätze eingehen.

Vielleicht haben Sie schon einmal etwas von der Organ-Uhr oder der inneren Uhr gehört. So ähnlich verhält es sich auch mit den **3 Körperzyklen.**

Es ist wichtig, daß Sie die 3 Körperzyklen beachten und diese nicht blockieren. Wir kennen die **Ausscheidung** von Abfallstoffen, die von morgens 4 Uhr bis mittags 12–13 Uhr stattfindet. Dann haben wir den **Aufnahmezyklus** von mittags bis 20 Uhr abends. Das ist die Zeit der Nahrungsaufnahme. Drittens gibt es den **Assimilationszyklus** oder die Ausnutzung der aufgenommenen Nahrung, die in der Zeit von abends 20 Uhr bis morgens um 4 Uhr stattfindet. Während der Wachstunden nehmen wir Nahrung auf, verzichten wir aber auf Essen, nimmt der Hunger im Verlauf des Tages zu. Wenn wir schlafen und der Körper keine Arbeit zu leisten hat, assimilieren wir, was wir während des Tages zu uns genommen haben. Wenn wir aufwachen, haben wir den sogenannten »Morgenatem« und vielleicht auch eine belegte Zunge, denn jetzt befindet sich unser Körper mitten in der Ausscheidungsphase all dessen, was er nicht gebrauchen kann.

Haben Sie schon einmal beobachtet, was passiert, wenn Sie spät abends noch gegessen haben? Wie fühlen Sie sich am nächsten Morgen? Beim Aufwachen fühlen Sie sich benommen, wie betäubt. Die Umwandlungsphase, die beginnt, wenn die Nahrung den Magen verlassen hat, ist gestört worden. Eigentlich will unser Körper seine Nahrung früh am Abend zu sich nehmen, so daß mindestens drei Stunden vergehen, bis die Nahrung den Magen verlassen hat. Da aber die Nahrung der späten Mahlzeit wegen noch nicht verdaut ist, ist sie noch nicht für die Umwandlung bereit. Sie haben die Aufnahmephase weit über ihre Grenzen hinaus in die Länge gezogen und dadurch die Ausnutzungsphase weit in die Ausscheidungsphase hinein verlängert. Der reguläre Acht-Stunden-Zyklus ist deshalb durcheinander gebracht worden. Der natürliche Arbeitsrhythmus Ihres Körpers wurde gestört, daher fühlen Sie sich beim Aufwachen müde, schlapp und mißgelaunt (Morgenmuffel). Lassen Sie aber das Frühstück aus, kommen Sie wahrscheinlich bis Mittag ohne Essen aus, denn Ihr Körper befand sich in der Ausscheidungsphase und wollte sowieso nichts zu sich nehmen. Würden Sie jedoch noch länger ohne Nahrung bleiben, würden Sie sich unbehaglich fühlen, denn Ihr Körper ist inzwischen in die Aufnahmephase eingetreten und ist nun bereit, wieder Nahrung aufzunehmen.

Wenn Sie sich danach richten, bleiben Sie gesund oder werden schnell wieder gesund, wenn Sie krank sind. Sie werden voller Energie sein, können Bäume ausreißen, werden geistig viel reger, sind unternehmungslustiger – um es kurz zu sagen, das Leben macht Ihnen Spaß – trotz aller Kümmernisse oder Belastungen, die jeder nun einmal mehr oder weniger hat.

1. Richtiger Obstverzehr

Die meisten Menschen wissen nicht, wie man Obst essen soll. Ohne Zweifel ist Obst die beste, energiespendende Nahrung, die Sie zu sich nehmen können, wenn es richtig verzehrt wird!

Der Grund, warum wir instinktiv nach Obst verlangen, liegt darin, daß Obst ohne Frage die wichtigste Nahrung für unseren Körper ist. Obst ist die Nahrung, der der menschliche Körper biologisch angepaßt ist.

Wissenschaftliche Erkenntnisse zeigen, daß unsere frühen Vorfahren **keine** Fleischesser waren, ja nicht einmal Samen, Schößlinge, Blätter oder Gräser verzehrten. Sie waren auch keine Allesesser. Statt dessen ernährten sie sich hauptsächlich von Früchten.

Da wir also biologisch zum **Früchteesser** bestimmt sind, ist es für uns viel wichtiger zu überlegen, wieviel Obst wir essen, als wieviel Eiweiß wir täglich zu uns nehmen. Ich habe noch keinen Menschen angetroffen, der unter Eiweißmangel litt. Aber ich kenne viele Menschen, die an **Eiweißvergiftung** litten und die meisten von ihnen aßen zu wenig Obst. Ich selbst hatte mir vor Jahren eine Eiweißvergiftung zugezogen. Ich hatte viel zuviel Fleisch, Fisch und Schalentiere gegessen und viel zuwenig Obst. Ich hatte Fieber, schwitzte tagelang und mir war sauelend. Kein Arzt wußte so recht, was ich hatte. Erst ein Heilpraktiker fragte mich nach meinen Eßgewohnheiten, und da kam heraus, daß ich viel zuviel Eiweißprodukte gegessen hatte.

Zu hoher Eiweißkonsum kann Brust-, Leber- und Blasenkrebs verursachen, auch die Ausbreitung von Leukämie wird damit in Zusammenhang gebracht. Magenkrebs stellt fast ein Drittel aller Krebserkrankungen dar. Wenn Fleischnahrung nicht restlos abgebaut wird, zersetzt sie sich und die daraus entstehende Übersäuerung des Körpers vergiftet den Körper.

Die bei der Obstverdauung gesparte Energiemenge ist beachtlich. Diese Energie wird automatisch für die Reini-

Zuviel Fisch und besonders Schalentier können zu Eiweißvergiftungen führen.

Frisch gepreßte Obstsäfte sind erstklassige Energiespender

Wenn Sie Obst in der richtigen Weise essen, spielt es – aufgrund seines hohen Wassergehaltes und seines geringen Energieaufwandes bei der Verdauung – bei der Entgiftung Ihres Körpers eine wichtige Rolle. Gleichzeitig versorgt es Sie mit einer Menge Energie, die für die Körperaktivitäten nutzbar gemacht werden kann. Obst ist von allen Nahrungsmitteln das Wichtigste. Es darf jedoch keinesfalls noch andere Nahrung verzehrt werden, sonst entstehen viele Probleme.

Obst ist die wichtigste Nahrung, die Sie überhaupt essen können. Dies gilt für alle Früchte, auch für saure Früchte wie Apfelsinen, Ananas und Pampelmusen. Der Begriff »sauer« ist in diesem Fall eine botanische Klassifizierung. Sobald sich Früchte innerhalb des Körpers befinden, reagieren sie basisch (alkalisch), vorausgesetzt, sie werden auf die richtige Weise gegessen. Sowohl Obst als auch Gemüse und Salat haben die Fähigkeit, die in unserem Körper entstehenden Säuren zu neutralisieren.

Falsche Zusammensetzung der Nahrung, eine unzureichende Menge an Nahrung mit hohem Wassergehalt, Schlacken konzentrierter Nahrung, der

gung des Körpers von giftigen Schlacken verwendet und führt dadurch zu einer besseren Gesundheit und bei Übergewicht zu einer schnelleren Gewichtsreduzierung. Dies trifft aber nur zu, wenn das Obst in der richtigen Weise verzehrt wird. Da Obst nicht lange im Magen bleiben soll, darf es nie zusammen mit anderer Nahrung oder unmittelbar nach anderer Nahrung verzehrt werden.

Es ist äußerst wichtig, **Obst nur auf leeren Magen** zu essen.

Nahrung beigefügte Zusätze, verunreinigte Luft und unsauberes Wasser, Streß – dies alles und noch mehr – sind die Ursachen für die Vergiftung und Übersäuerung unseres Systems. Ein vergifteter, übersäuerter Organismus ist aufgeschwemmt, übergewichtig. Es entstehen Entzündungen im Zellgewebe, graues Haar, Kahlköpfigkeit, nervöse Anfälle, dunkle Ringe unter den Augen und frühzeitig Falten im Gesicht. Magengeschwüre sind die direkte Folge zersetzender Säuren im Organismus. Obst, wenn richtig verzehrt, hat eine großartige verjüngende Fähigkeit.

Obst muß frisch sein!

Das kann nicht deutlich genug betont werden. Obst, dessen Zustand in irgendeiner Weise verändert wurde, das z. B. gekocht wurde, hat für den Körper keinen großen Nutzen mehr. Im Gegenteil, durch die Behandlung findet eine Denaturierung statt (Zerstörung an Nährstoffen). Der Körper kann Obst nur in reinem natürlichem Zustand auswerten. Gebratene Äpfel, Dosenfrüchte, gekochtes Apfelmus sowie Obstpasteten, Obstkuchen sind insofern schädlich, als sie den Körper weder reinigen noch ihm Nährstoffe zuführen. Sie sind toxisch, säurebildend und schädigen möglicherweise die empfindlichen Schleimhäute der inneren Organe. Sie zwingen den Körper, seine kostbare Energie zur Neutralisierung der durch sie entstehenden Säuren einzusetzen und sie auszuscheiden. Obst hat eine empfindliche Beschaffenheit! Durch Kochen wird sein Wert zerstört.

Obst muß in frischem, ungekochtem Zustand gegessen werden. Das gleiche gilt für **Obstsäfte.** Sie müssen frisch sein. Wenn sie pasteurisiert werden, wie es bei Orangensäften aus der Fabrik, die aus Konzentraten hergestellt werden, der Fall ist, sind sie pure Säure, schon ehe sie getrunken werden.

Als zweiter Punkt ist beim Obstverzehr zu beachten, daß ausreichend Zeit zwischen dem Essen anderer Nahrung und einer Obstmahlzeit verstreichen sollte. Solange Ihr Magen leer ist, können Sie Obst essen, soviel Sie wollen und so oft Sie wollen. Lediglich vor dem Verzehr anderer Nahrung sollten Sie 20–30 Minuten vergehen lassen, damit das Obst oder der Saft Zeit haben, den Magen zu verlassen. Saft und einige Obstarten benötigen sogar noch weniger Zeit.

Haben Sie etwas anderes als Obst gegessen, müssen Sie mindestens 3 Stunden warten, nach Fleischmahlzeiten mindestens 4 Stunden.

Manche Leute sind der Meinung, daß Obst und Obstsäfte, in größeren Mengen genossen, dick machen. Ein zu reichhaltiger Obstgenuß kann jedoch nur dann negative Folgen haben, wenn er zusammen mit oder unmittelbar nach anderer Nahrung erfolgt oder das Obst gekocht ist. Wird Obst jedoch auf leeren Magen gegessen, hat es eine ausgesprochen positive Wirkung, es beschleunigt den Gewichtsverlust bei Übergewicht.

Wenn ich den Menschen sage, daß Sie ohne weiteres viel Obst essen können und es sogar zur Gewohnheit werden lassen können, machen sie sich anfänglich Sorgen über die Menge der **Kalorien.**

Kalorien sind jedoch nur dann unsere Feinde, wenn sie in Form stark behandelter oder schlecht zusammengestellter Nahrung aufgenommen werden. Kalorien hoher Qualität, wie sie in Nahrung mit hohem Wassergehalt vorkommen, tragen keineswegs zu Gewichts- oder Gesundheitsproblemen bei. Im Gegenteil, sie versorgen Sie mit der nötigen Energie!

2. Nahrung mit hohem Wassergehalt

Unter den absolut notwendigen Stoffen steht Wasser neben Luft und Nahrung an oberster Stelle. Vom Augenblick Ihrer Geburt an bis zum Tode verlangt Ihr Körper instinktiv nach Luft, Wasser und Nahrung, um überleben zu können.

Was versteht man unter Nahrung mit hohem Wassergehalt?

Ihr Körper besteht zu 70% aus Wasser. Sie müssen Wasser haben, um überleben zu können.

Manche Leute werden jetzt sagen: »Prima, ich trinke 1 1/2 Liter Wasser täglich.« Aber Wasser trinken bringt Ihnen keineswegs den Erfolg, von dem ich spreche. Wenn ich von Nahrung mit hohem Wassergehalt spreche, meine ich damit drei Arten von Nahrungsmitteln, die einen natürlichen, hohen Wassergehalt besitzen, nämlich Obst, Gemüse und Salate. Alles andere ist **konzentrierte Nahrung.** Konzentriert heißt, der Wassergehalt wurde reduziert, entweder durch bestimmte Behandlung, wie z. B. Konservierung oder durch Kochen. D. h. nun nicht, daß Sie ausschließlich Obst, Gemüse und Salat essen müssen, um gesund zu bleiben. Aber Sie sollten eine Ernährungsweise anstreben, die annähernd 70% Wassergehalt haben sollte, weil eben unser Körper zu 70% aus Wasser besteht. Das bedeutet, daß Obst, Gemüse und Salat in unserer Ernährung überwiegen sollten! Die restlichen 30 % können aus konzentrierter Nahrung bestehen: Brot, Getreide, Hülsenfrüchte und gelegentlich etwas Milchprodukte.

Alle **Körperzyklen** funktionieren nur dann bestens, wenn sie regelmäßig mit natürlichem, reinem Wasser versorgt werden, und das finden wir in wasserhaltigem Obst oder Gemüse. Wir essen aber so, daß wir unseren Körper dabei nicht reinigen, sondern verschmutzen. Wir essen so, daß wir ihn verkleistern und verstopfen.

Die meisten Mahlzeiten, die wir zu uns nehmen, haben eine stopfende Wirkung (schlackenbildende Wirkung). Unsere Nahrung verschlackt unseren Körper, und dann, weil wir verschlackt sind, fühlen wir uns schlecht. Wir nehmen etwas, um unser Befinden zu verbessern, z. B. Kaffee, Alkohol, Magenbitter, aber gleichzeitig essen wir weiter das, was unseren Organismus verschlackt. Also, von jetzt an fragen Sie sich, wenn Sie Ihre Mahlzeiten betrachten: Enthält diese Mahlzeit etwa 70% wasserhaltige Lebensmittel? Wenn es nicht so ist, haben Sie nicht die geringste Chance, erfolgreich und auf Dauer gesund zu bleiben. Wenn Sie wirklich gesund sein und bleiben wollen, dann ist es unerläßlich, daß Sie sich diese Frage vor jeder Mahlzeit stellen.

Sie werden staunen, welche herrlichen Mahlzeiten man aus Obst, Salat und Gemüse zaubern kann, weitaus mehr, als die meisten von Ihnen sich vorstellen können.

Menschen, die viel Wasser oder andere Getränke am Tag zu sich nehmen, tun das, weil sie die notwendige Flüssigkeit nicht aus der Nahrung bekommen können. In ihrer Ernährung überwiegen die konzentrierten Bestandteile, so daß ihr Körper ständig nach Flüssigkeit verlangt und sie ständig **Durst** haben. Sie werden herausfinden, daß Sie viel weniger Durst haben, wenn Sie Nahrung mit hohem Wassergehalt zu sich nehmen. Wenn Sie jedoch Wasser trinken wollen, dann sollten Sie **dampfdestilliertes Wasser** trinken, sofern es erhältlich ist. Leitungswasser, die meisten Mineralwasser, ja selbst Bergquellwasser sind nicht ideal für den menschlichen Körper, da sie anorganische Mineralstoffe enthalten, die der Körper weder verwenden noch ausscheiden kann. Diese anorganischen Materialien neigen dazu, sich im Organismus mit Cholesterin zu verbinden und sich als Ablagerungen in den Arterien niederzuschlagen. Dampfdestilliertes Wasser hat die Wirkung nicht. Wenn Sie Obst oder Gemüse essen, nehmen Sie destilliertes Wasser zu sich. Die Mineralstoffe werden dem Boden entnommen, die Pflanze assimiliert sie und Sie nehmen sie auf.

Obst, Salat und Gemüse haben einen hohen Wassergehalt.

Sie haben vielleicht gehört, daß angeblich durch destilliertes Wasser **Mineralstoffe** aus dem Körper gezogen werden. Das ist nur teilweise richtig. Die Mineralstoffe, die durch destilliertes Wasser dem Körper entzogen werden, sind anorganische Mineralstoffe, die der Körper sowieso nicht verwerten kann. So ist die Wirkung eine gesunde. Destilliertes Wasser wäscht keine organischen Mineralstoffe aus, die Teil der Zellstruktur des Organismus geworden sind. Ist ein Mineralstoff Teil der Zellstruktur geworden, kann es nicht mehr ausgewaschen werden.

Dr. Paul C. Bragg und *Dr. Patricia Bragg* beschreiben in ihrem Buch »Wasser – das größte Gesundheitsgeheimnis«, welche körperlichen Schäden durch hartes, mineralhaltiges Leitungswasser im Laufe von 30–40 Lebensjahren entstehen. Dazu gehören auch fast alle Mineralwasser, die einen hohen Mineralgehalt haben. Besonders geringe Mineralanteile haben Volvic-, Spa-, und Haderheck-Wasser.

Trinken Sie nur reines Wasser! Am besten sind Obst- und Gemüsesäfte und dampfdestilliertes Wasser.

Noch eine wichtige Bemerkung zum Wasser. Es ist sehr ungesund, Wasser oder andere Getränke zu den Mahlzeiten zu trinken. Viele Leute essen und trinken zur selben Zeit. Das ist nicht gut für die Verdauungssäfte, die die Nahrung aufschließen müssen. Wenn Sie Getränke zu den Mahlzeiten trinken, verdünnen sie die Verdauungssäfte und verhindern so, daß die Mahlzeit richtig verdaut wird.

Zusammengefaßt kann man sagen, daß Sie durch das Essen von Nahrung mit hohem Wassergehalt giftige Schlacken aus Ihrem Körper ausspülen. Wenn Sie damit fortfahren, vermeiden Sie eine neuerliche Anhäufung von Giftstoffen und Sie werden weder zunehmen noch krank werden.

3. Richtige Lebensmittelkombination

So wichtig wie Lebensmittel mit hohem Wassergehalt sind, so wichtig ist die richtige Lebensmittelkombination.

Sie haben vielleicht schon davon gehört, wie wichtig es ist, Lebensmittel in der richtigen Kombination zu essen. Diese Erkenntnis wird immer populärer, und zwar mit Recht.

Ganz egal, was Sie tun wollen, ob Laufen, Lesen, Spielen oder irgend etwas anderes, Sie brauchen dazu Energie. Tatsächlich bedeutet Energiemangel in Ihrem Körper, daß Sie nicht richtig leben. **Keine Energie, kein richtiges Leben.** Jeder von uns möchte gerne mehr Energie haben. Waren Sie nicht auch oft müde nach einer Mahlzeit? Wer war das noch nicht! Der Grund dafür liegt darin, daß unsere ganze Energie auf die Verarbeitung der Nahrung in unserem Organismus konzentriert ist. Die Verdauung der Nahrung verbraucht mehr Energie als Laufen, Schwimmen oder Radeln. Es gibt in der Tat nichts, wozu mehr Energie nötig ist, als für die Verdauung.

Energie ist jedoch ebenso unentbehrlich für die überaus wichtige Entgiftung (Ausscheidung giftiger Schlacken) des Körpers. Wenn es uns gelingt, giftige Schlacken regelmäßig aus unserem Körper zu entfernen, bleiben wir auch gesund.

Der Begriff »richtige Lebensmittelkombination« entstand durch die Entdeckung, daß bestimmte Nahrungszusammenstellungen leichter verdaut und besser ausgewertet werden als andere. Nichts fördert den Verdauungsprozeß mehr, als die richtige Zusammensetzung der Nahrung.

Der menschliche Organismus ist nicht dafür geschaffen, im Magen mehr als eine konzentrierte Nahrung gleichzeitig zu verdauen.

Was versteht man unter **konzentrierter Nahrung?** Alles, außer Obst, Salat und Gemüse ist konzentriert. So bedeutet der Begriff »richtige Lebensmittelkombination« lediglich, daß Sie auch nicht mehr als **eine** konzentrierte Nahrung gleichzeitig zu sich nehmen sollen. So einfach ist das.

Trotzdem essen Menschen wie die Löwen, die Giraffen, die Schweine, die Pferde und die Affen, nicht nur das, sie essen auch noch alles durcheinander bei ein und derselben Mahlzeit. Dadurch wird unsere Verdauungskraft enorm belastet, die Entstehung giftiger Abfallprodukte wird gefördert und eine Menge kostbarer Energie wird verschwendet.

Haben Sie nicht schon immer Fleisch und Kartoffeln zusammen gegessen? Fisch und Reis? Geflügel und Nudeln? Eier und Toast? Käse und Brot? Getreide und Milch? Jetzt werden Sie fragen, was bleibt denn da noch übrig? Keine Sorge, mehr als genug. Die obigen Zusammenstellungen, ich muß es Ihnen sagen, sind nicht zu Ihrem Besten und verhindern außerdem, daß Sie gesund bleiben. Kostzusammenstellungen dieser Art sind geradezu eine Garantie dafür, nie ausreichend Energie zu haben. Die Voraussetzung für Gesundheit ist Entgiftung, und **Entgiftung** hängt gänzlich von der zur Verfügung stehenden Energie ab. Weil wir unsere Nahrung falsch zusammenstellen, haben wir eine ständige Energiekrise in unserem Körper. Diese falsche Ernährungsweise führt auch dazu, daß Leute schon im Alter von 50 Jahren sterben.

Nahezu die Hälfte der Bevölkerung ist übergewichtig. Das ist zum großen Teil auf unsere willkürliche und wahllose Nahrungszusammenstellung zurückzuführen. Lassen Sie es mich erklären. Nehmen wir z. B. Fleisch und Kartoffeln, eine allgemein übliche Kombination. Ebensogut könnte ich Fisch und Reis, Fleisch und Nudeln oder Brot mit Käse sagen. Sie essen z. B. ein Steak. Im Magen angekommen, ist ein bestimmter Verdauungssaft erforderlich, um diese konzentrierte Eiweißnahrung aufzuschließen, nämlich eine Säurelösung. Gleichzeitig essen Sie auch eine gebackene Kartoffel.

Nun könnten Sie einwenden, daß es sich bei der Kartoffel doch um Pflanzenkost handle. Richtig. Wenn Sie in eine rohe Kartoffel beißen würden und diesen Bissen kauen, bekämen Sie Nahrung mit einem hohen Wassergehalt. Durch das Backen ist das Wasser verlorengegangen, es bleibt eine konzentrierte, stärkehaltige Nahrung. Nun kommt diese konzentrierte Stärke zusammen mit dem Steak in den Magen. Für die Verdauung der Stärke ist aber eine alkalische Lösung erforderlich. Aus Ihrem Chemieunterricht wissen Sie, was passiert, wenn saure und alkalische Lösungen miteinander in Kontakt kommen. Sie neutralisieren sich gegenseitig.

Täglich werden Wagenladungen an Magentabletten gegen Sodbrennen, Blähungen und saures Aufstoßen genommen.

Sie haben also ein Steak mit Kartoffeln gegessen. Die zur Verdauung notwendigen Säfte haben sich neutralisiert. Was geschieht nun mit dieser Mahlzeit? Unser Organismus muß mehr Verdauungssäfte bereitstellen. Das braucht Zeit und kostet Energie. Erneut werden Verdauungssäfte abgesondert, die wieder neutralisiert werden. Viel Zeit vergeht während dieser Vorgänge. Tatsächlich vergehen mehrere Stunden, während der Körper die Verdauungssäfte produziert, die in den Magen fließen und schließlich **Verdauungsstörungen** und Sodbrennen verursachen. Endlich wird diese nicht richtig verdaute Mahlzeit durch die Darmperistaltik aus dem Magen befördert. Die schlecht verdaute Nahrung wird nach stundenlangem Aufenthalt im Magen dem Verdauungstrakt aufgezwungen.

Es ist wichtig zu wissen, was sich zugetragen hat. Der größte Teil des Eiweißes hat sich durch den langen Aufenthalt im Magen durch Fäulnis zersetzt. Der größte Teil der Kohlenhydrate ist in Gärung übergegangen. Fäulnis und Gärung kann der Körper aber unter keinen Umständen brauchen. Nährstoffe, die auf diese Weise beeinflußt wurden, können nicht mehr in gesunde Zellstruktur eingebaut werden.

Nahrung, die sich durch Fäulnis zersetzt hat oder vergoren wurde, erzeugt im Körper giftige Säuren. Aufgrund der Fäulnis und Gärung entstehen Gase,

Blähungen, Sodbrennen, saures Aufstoßen. Jetzt braucht man Magentabletten wie Aludrox, Gelusillac, Nervogastrol, Rohasal oder Ulgastrin. In Amerika und Europa werden täglich Wagenladungen an säurebindenden Mitteln eingenommen. Warum? Weil wir willkürlich und wahllos essen. Wenn alles zusammen in den Magen gestopft wird, wird der Organismus überfordert. Wir sind die einzigen Geschöpfe auf dieser Welt, die nach dem Essen Medikamente einnehmen müssen, um die Nahrung aus unserem Darm wieder herauszubekommen.

Wegen all der Fäulnis, Gärung und daraus entstehender Säure verbleibt im Magen letztlich eine verdorbene, faulende, übelriechende Masse. Die Nahrung, die unverdaut im Magen bleiben mußte, fault buchstäblich vor sich hin. Die einmal in der Nahrung vorhandenen Nährstoffe sind verlorengegangen. Durch die lange Verweildauer im Magen ist eine unglaubliche Menge Energie verbraucht worden. Dann wird die Nahrung den Därmen aufgezwungen, schiebt sich durch ca. 9 m Verdauungskanal. Deshalb ist man müde nach so einer Mahlzeit. Deshalb hat man keine Energie. Diese Nahrung braucht etwa 8 Stunden, um aus dem Magen herauszukommen, und 24 und mehr Stunden, um durch den Verdauungskanal zu kommen (bis 5 Tage).

Es gibt einen einfachen Weg, das ganze Problem zu vermeiden. Sie wollen ein Steak, Fisch oder Hähnchen essen, also gut. Sie müssen sich lediglich bewußt sein, daß Fleisch in dieser Mahlzeit der konzentrierte Bestandteil ist. Das bedeutet, daß Sie nicht noch mehr konzentrierte Nahrung bei dieser Mahlzeit zu sich nehmen sollten. Also – keine Kartoffeln, Reis, Nudeln, Käse oder Brot, sondern Nahrung mit hohem Wassergehalt. Mit anderen Worten, zum Steak sollten Sie **Salat oder Gemüse** essen, wie z. B. Broccoli oder Zucchini oder auch andere Sorten, je nach dem, was Sie am liebsten mögen. Salat und Gemüse braucht keinen besonderen Verdauungssaft. Es kann sowohl in saurer als auch in alkalischer Lösung abgebaut werden. Sie können das Gemüse dämpfen oder dünsten, bedenken Sie aber, daß bei längerer Kochzeit mehr Wasser und damit Lebenssaft entzogen wird.

Wenn Sie eine gebackene Kartoffel essen wollen, gut, dann essen Sie sie. Essen Sie sie mit Butter. Dazu gibt es Gemüse wie Zucchini, grüne Bohnen, Broccoli oder was Sie essen wollen und natürlich Salat. Auch mit dieser Mahlzeit werden Sie satt werden. Ist Ihnen klar, was mit dem Begriff richtige Nahrungsmittelkombination gemeint ist? Sie möchten Fleisch essen, gut – essen Sie es mit Gemüse und Salat. Sie möchten Kartoffeln essen, essen Sie sie mit Gemüse und Salat. Sie möchten Brot essen, essen Sie es mit Gemüse und Salat. Sie möchten Nudeln essen, essen Sie sie mit Butter und Salat. Sie möchten Käse essen? Nehmen Sie den Käse, hobeln Sie ihn und geben Sie ihn in Ihren Salat, aber ohne Croûtons. Oder schmelzen Sie ihn über das Gemüse.

Für Menschen, die befürchten zu wenig **Eiweiß** zu sich zu nehmen, wenn Sie nicht zu jeder Mahlzeit Fleisch essen, mag das zu einfach erscheinen. Der Eiweißbedarf ist aber nicht so groß, wie immer angenommen wird. Selbst Muttermilch enthält nur 2,5 bis 3% Eiweiß! Kühe, Elefanten, Zebras fressen nur Gras und bauen ihr eigenes Eiweiß damit auf. Genauso kann sich der menschliche Körper sein Eiweiß aus Früchten, Gemüse und Nüssen selbst aufbauen.

Wenn ich hier auch von Fleisch, Käse und Eiern spreche, so heißt dies nicht, daß ich dies empfehle. Tierprodukte sind nicht notwendig, fast immer schädlich für den Menschen. Ich will Ihnen aber Brücken bauen, damit Sie den Weg zur SonnenKost finden, die eben nur aus frischen, unbehandelten Früchten, Salaten, Gemüse und Nüssen besteht.

Wie Sie sehen, können Sie sich nach wie vor am Essen erfreuen, Sie essen, was Ihnen schmeckt. Der Unterschied besteht lediglich darin, daß Sie nicht alles zusammenmischen und alles zu gleicher Zeit essen.

Richtige Lebensmittelkombination bedeutet nicht, daß Sie auf Dinge verzichten müssen, die Ihnen schmecken, Sie sollten nur nicht alles gleichzeitig essen. Wenn Sie Ihre Nahrung nach Verträglichkeit zusammenstellen, werden Sie anstatt eines enormen Energieverlustes einen Energieüberschuß haben.

Die richtige Lebensmittelkombination schafft die Voraussetzungen für Gesundheit. Wenn Sie Lebensmittel zu sich nehmen, die Ihren Magen in drei Stunden passieren statt in acht Stunden, bleiben Energiereserven für 5 Stunden. Energie, die Sie für die Gesundung Ihres Körpers einsetzen können!

Einige Leute haben zu mir gesagt, »das klingt alles schön und gut, das muß ich zugeben, aber ich bin Geschäftsmann, ich kann mich nicht danach richten.« Warum nicht? Sie können in den meisten Restaurants nach diesen Richtlinien speisen. In jedem guten Lokal können Sie bestellen, was Sie wollen. Sie sind der Kunde, Sie bezahlen, Sie können haben, was Sie wollen. Sie können mit Ihren Freunden in ein Lokal gehen und sagen: »Was gibt es heute besonderes?« – »Heute haben wir frische Forellen mit Reis.« – »Und was haben Sie für Gemüse?« – » Es gibt frischen Spargel und Blumenkohl.«

»Großartig, ich nehme Forelle, Spargel und außerdem einen Salat, aber keinen Reis bitte.«

Sie können an der Bestellung teilnehmen, Sie essen Ihre Mahlzeit und keiner Ihrer Freunde wird danach fragen, warum Sie keinen Reis essen. Niemand wird etwas sagen. Aber das Beste ist, daß Sie sich nach dieser Mahlzeit unbeschwert fühlen und Sie für den Rest des Tages reichlich mit Energie versorgt sind, während Ihre Freunde den Magen voll faulender Nahrung haben, die sie belastet. Sie sind müde und müssen sich mit Kaffee oder einem anderen süchtig machenden Anregungsmittel aufputschen. Das Großartige an der richtigen Kombination der Nahrung ist, daß sie Ihre Energiereserven gewaltig ansteigen läßt und gleichzeitig Kräfte in Ihrem Körper freisetzt, die notwendig sind, das

Übermaß an belastenden Stoffwechselschlacken auszuscheiden.

Die **Lebensmittel-Kombinations-Tabelle** zeigt Ihnen, wie man es macht. Wir haben diese Tabelle in der Küche hängen. In der ersten Zeit haben wir oft nachgeschaut, aber schon nach ganz kurzer Zeit brauchten wir das nicht mehr. Es ist gar nicht so schwierig, wie es zunächst aussieht.

Zum Schluß möchte ich Ihnen jedoch noch folgendes sagen.

Mit richtiger Ernährung allein haben Sie noch keine Garantie für eine gute Gesundheit.

Wenn Sie sich Ihre Gesundheit erhalten wollen, sollten Sie neben der Ernährung mit SonnenKost – also lebendiger Nahrung bestehend aus Früchten, Salaten, Gemüsen und Nüssen – folgende Grundsätze beachten:

Eine Lebensmittel-Kombinationstabelle (können Sie bestellen beim Waldthausen Verlag, 27718 Ritterhude) macht Ihnen die Zusammenstellung einer Mahlzeit einfach.

*Sorgen Sie für saubere, **frische Luft***

*Trinken Sie nur **reines Wasser** – am besten gepreßte Gemüse- oder Fruchtsäfte oder dampfdestilliertes Wasser oder mineralarmes Quellwasser.*

*Sorgen Sie für regelmäßige **Bewegung** in frischer Luft.*

Ruhe und Entspannung sind ganz wichtig für Sie. Sorgen Sie für ausreichenden Schlaf. Kostbare Nervenkraft wird dadurch entwickelt.

*Halten Sie Ihren **Körper sauber,** sowohl von innen als auch von außen.*

*Haben Sie **Selbstvertrauen** und **Selbstachtung.** Das Vertrauen in Ihre eigenen Kräfte und Fähigkeiten, Dinge zu meistern, ist wesentlich, damit Sie sich wohlfühlen.*

*Machen Sie **kreativ nützliche Arbeit.** Menschen fühlen sich nur wohl, wenn sie für sich selbst sorgen und ihre Bedürfnisse durch eigene Anstrengungen befriedigen können.*

Beachten Sie die Naturgesetze. All diese Dinge sind wichtig für Ihr Wohlbefinden. Die richtige Ernährung ist aber die Ausgangsbasis, das Fundament einer guten Gesundheit.

Mit SonnenKost – also mit sonnengereiften Früchten, Salaten, Gemüsen und Nüssen – werden Sie gesund bleiben oder wenn Sie krank sind, wieder gesund werden.

Wichtige Ernährungsregeln

1. Obst allein auf leeren Magen essen.
Also: Nicht mischen mit anderen Speisen!
Obst immer **vor** einer Mahlzeit essen, **nicht** als Nachspeise.
Fruchtsäfte nur frisch gepreßt trinken!

2. Kohlenhydrate nicht mit Eiweiß mischen.
Also: Kartoffeln, Reis, Nudeln, Brot **nicht** mit Fleisch, Fisch, Eier, Milch und Käse mischen.

3. Salate und Gemüse entweder mit Kohlenhydraten oder mit Eiweißprodukten mischen, aber nicht mit beiden.
Also: Salate und Gemüse können entweder mit Kartoffeln, Reis, Nudeln oder Brot gemischt werden oder aber mit Fleisch, Fisch, Eier, Milch, Käse (nur wenn Sie meinen, unbedingt noch tierische Produkte essen zu müssen, was eigentlich weder notwendig noch wünschenswert ist). **Gemüsesäfte** nur frisch gepreßt trinken!

4. Eiweißprodukte nur mit Gemüse und Salat mischen
Also: Fleisch, Fisch, Eier, Milch und Käse (wenn überhaupt) nur mit Gemüse und Salat mischen, nicht aber mit Kohlenhydraten wie Kartoffeln, Reis, Nudeln und Brot.

5. Salate natur servieren.
Also: Kein Essig und Öl oder Dressing untermischen. Wenn unbedingt gewünscht, Salatsoßen separat servieren.

6. Verzichten Sie weitgehend auf gekochte Nahrung, Fabriknahrungsmittel, Öle und Fette und scharfe Gewürze einschließlich Salz.
Verwenden Sie möglichst Lebensmittel aus organischem Anbau und als Gewürze frische (oder getrocknete) Kräuter.

Weitere Hinweise siehe Lebensmittel-Kombinationstabelle.

SonnenKost-Rezepte

Die SonnenKost-Rezepte sollen als Hinweise dienen. Ihren eigenen Gestaltungsmöglichkeiten sind keine Grenzen gesetzt. Kaufen Sie möglichst Obst, Gemüse oder Salat ein, das gerade Saison hat. Das schmeckt meistens am besten. Am vorteilhaftesten ist es, wenn Sie direkt beim Bauern oder im Naturkostladen aus bio-organischem Anbau einkaufen.

Wir stellen auch einige Rezepte vor, die von reiner SonnenKost etwas abweichen, denn für manche Menschen ist eine sofortige Umstellung auf 100%ige Rohkost nicht angebracht, da sie zu stark verschlackt sind. Die Umstellung sollte dann langsam mit einer sog. »Übergangskost« erfolgen (siehe auch »Fit für´s Leben« von *Harvey* und *Marilyn Diamond* und »Die schleimfreie Heilkost« von *Prof. Arnold Ehret*), damit es nicht zu stärkeren Ausscheidungskrisen kommt.

Sie kennen sicher die Qualitätseinstufungen mit 1–5 Sternen, wobei 5 Sterne an der Spitze und 1 Stern am Schluß steht. Wir wenden diese Klassifizierung für alle Rezepte an.

Rezept-Bewertung für SonnenKost

***** Gerichte, die nur aus frischen, rohen Früchten, Salaten oder Gemüsen bestehen und richtig kombiniert sind (siehe Lebensmittel-Kombinationstabelle). Wenn gekochte Beigaben gemacht werden, wird 1 Stern abgezogen, ein Abzug erfolgt auch, wenn falsch kombiniert wird, desgleichen wenn Gewürze verwendet werden.

**** Gerichte mit gekochten Beigaben ohne Gewürze (Übergangskost). Gut verträgliche Kombinationen mit Gewürzen (Übergangskost). Schlecht verträgliche Kombinationen ohne Gewürze.

*** Schlecht verträgliche Kombinationen plus Gewürze mit gekochten Beigaben.

** Gekochte Gerichte, richtig kombiniert (Übergangskost).

* Gekochte Gerichte, schlecht kombiniert, mit Gewürzen oder sonstigen Beigaben (Übergangskost). Sogenannte »Normalkost«, d.h. Mischkost mit Fleisch, Fisch, Getreide- und Reisgerichten, Süßspeisen, Milchprodukten, wird nicht bewertet.

Früchte

Frühstücks-Obstplatte *****
6 Portionen

1 Honigmelone in Würfel geteilt
3 Wassermelonen (Kugel oder Schnitten)
4 Kiwi geschält und in Scheiben geschnitten
1 große oder 2 kleine Papayas geschält und in Scheiben geschnitten
2–3 Tassen Weintrauben
1 große Birne geschält und in Stifte oder Scheiben geschnitten

Melonen, Kiwi, Papayas und Trauben auf einer großen runden Platte anrichten. Wenn Sie möchten, Trauben und Birnenscheiben abwechselnd um den Rand legen.

Erdbeer-Kiwi-Salat *****
2 Portionen

2 Orangen quer oder in Scheiben geschnitten
2 Tassen Erdbeeren
2 große Kiwi geschält und in Scheiben geschnitten
1 Banane in Scheiben geschnitten
1 Eßlöffel Rosinen (nach Wunsch)

Die Früchte dekorativ auf einer Platte oder Teller anrichten oder Orangenscheiben auf einer Platte auslegen und die restlichen Früchte gemischt darauf verteilen.

Leichter Obstsalat *****
2 Portionen

2 Äpfel entkernt, geschält und in Scheiben geschnitten
1/2 Teelöffel Zimt (nach Wunsch)
2 Orangen geschält und in Scheiben geschnitten
2 Bananen in Scheiben geschnitten
2 Eßlöffel Rosinen
1/4–1/2 Tasse frischer Orangen- oder Apfelsaft (nach Wunsch)

Äpfel in großer Schüssel in Zimt wälzen, bis sie gleichmäßig bedeckt sind. Orangen und Bananen zugeben. Die Rosinen sollen die Fruchtzuckerkonzentration erhöhen. Da Obst nicht immer süß genug ist, kann der Salat durch die Beigabe von Rosinen energiemäßig aufgewertet werden. Sie können auch jedem anderen Obstsalat durch die Beigabe von Rosinen eine besondere Note verleihen. Zugabe bedeutet Energie!

Marilyns Obstsalat *****
4 Portionen

1 Ananas
1–2 Bananen
4 Kiwis
4 Apfelsinen
1 Tasse Erdbeeren
2 Handvoll eingeweichte Rosinen
2 kleine Stangensellerie

Ananas zerteilen, Bananen und Kiwis schälen und in Scheiben schneiden, Apfelsinen aufteilen, Erdbeeren gut waschen, Stangensellerie in Stücke schneiden.

Alles hübsch auf dem Teller anordnen oder durcheinandermischen. Rosinen darüber streuen.

Als volle Mahlzeit servieren.

Früchte

Ananas *****

Suchen Sie reife Ananasfrüchte aus. Das erkennen Sie am besten daran, daß die Blume (die oberen grünen Blätter) locker und leicht herausgedreht werden kann. Schneiden Sie die Ananas entweder in Schiffchen, in Scheiben oder in Würfel.

Papaya *****

Auch Papayas schmecken nur, wenn sie richtig reif sind. Achten Sie beim Einkauf darauf, daß die Früchte weich sind (aber nicht matschig). Schneiden Sie die Papaya in 2 Hälften, und entfernen Sie sorgfältig die Kerne.

Obstsalat (im Apfel) *****
2-3 Portionen

2 Äpfel
1 kleine Ananas
1 Grapefruit
1 Tasse Kirschen

Suchen Sie gutaussehende Äpfel aus. Schneiden Sie das obere Stück ab, und entfernen Sie das innere Fleisch des Apfels. Hacken Sie das Innere der Äpfel und Ananas zusammen mit der Grapefruit und den Kirschen (oder Weintrauben, Johannis- oder Stachelbeeren – je nach Saison) zu gleichen Teilen. Fügen Sie etwas Zitronensaft hinzu. Süßen Sie mit Honig, und geben Sie alles in die Schalen der Äpfel. Streuen Sie etwas geriebene Kokosnuß darüber.

Sommerfruchtsalat *****
2 Portionen

1–2 Tassen Blaubeeren
1 Mango
2 Äpfel
2 Bananen

Mango schälen und das Fruchtfleisch vom Stein lösen und zerschneiden. Blaubeeren waschen, Äpfel vierteln und in Scheiben schneiden. Bananen ebenfalls in Scheiben schneiden. Alle Zutaten mischen oder dekorativ auf einem Teller anrichten.

Früchte

Frische Obstsäfte *****

Frisch gepreßte Obstsäfte sind natürliche Reinigungsmittel für den menschlichen Körper. Sie wirken wie ein »Besen« und kehren Abfall- und Giftstoffe aus dem Körper.

Das Wasser aus den Obstsäften ist reines mit Sonnenkraft geladenes Wasser, angereichert mit gesundheitsaufbauenden Vitaminen, organisch gebundenen Mineralien und wundervollen Enzymen.

Obstsäfte spielen eine wichtige Rolle beim Aufbau eines reinen Körpers.

Apfelsaft, Ananassaft, Traubensaft, Orangensaft, Melonensaft, Kirschsaft, Brombeersaft, Erdbeersaft, Johannisbeersaft, Holunderbeersaft usw., das alles ist der wahre Nektar der Götter.

Trinken Sie Obstsäfte nur auf leeren Magen, d.h. immer 10–20 Minuten vor dem Essen, am besten morgens.

Obstsäfte langsam, in kleinen Schlückchen trinken! Niemals ein Glas Saft auf einmal hinunterstürzen!

Noch besser ist es, wenn Sie Ihr Obst als Ganzes essen.

Bionika-Saftpresse der neue Champion

Die Bionika-Saftpresse* ist der neue Champion. Sie verarbeitet Obst, Gemüse, Kräuter und sogar Nüsse! Ohne Hitze, ohne das Schleudern einer Zentrifuge! Daher kein Verlust von Vitaminen, Enzymen und Mineralien!

Vielfältig einsetzbar für die Herstellung von Obst- und Gemüsesäften, Frischkostsalaten, Nußbutter, Eiscreme, Fruchtsorbets, Soßen, Pürees, Babynahrung, Kokosmilch usw.

Den vollen gesundheitlichen Wert haben Obst- und Gemüsesäfte nur, wenn sie ohne Erhitzung, ohne Zentrifugalkräfte, nur durch Pressen, hergestellt werden. So bleiben Vitamine, Enzyme und Mineralien erhalten.

* Lieferhinweise erhalten Sie vom Fit-fürs-Leben-Informationsdienst, Stendorfer Straße 3, 27718 Ritterhude.

Früchte

Cherimoya *****

Die Cherimoya ist eine der schmackhaftesten Tropenfrüchte, die es gibt. Sie stammt aus Südamerika. Unsere Importe kommen aus Spanien und Israel (im Winter und Frühjahr).

Der Cherimoyabaum kann bis zu 7,5 m hoch werden. Das Fruchtfleisch ist meist weiß oder cremefarben, die Fruchtform rund bis herzförmig oder konisch-rund. Das Aroma der Cherimoya erinnert in Konsistenz und Süße an Birne, im leichten, edlen Harzgeschmack an Mango mit – bei manchen Sorten – angenehmer Säure.

Am besten schmecken die reif unter dem Baum gegessenen Cherimoyas. Die Cherimoya ist eßreif, wenn ihre Haut auf leichten Druck nachgibt. Sie ist leicht verdaulich. Sie enthält viel Vitamin B_1, B_2, Kalzium, Phosphor und Eisen.

Khaki *****

Khakis stammen ursprünglich aus Ostasien, und zwar aus China, Korea und Japan. Die Japaner betrachten sie als ihre beste Frucht. Seit 1840 wird die Khaki in Südfrankreich kultiviert und breitete sich von da aus nach Italien, nach Spanien und in die Südschweiz aus. Der Khakibaum ist ein schöner Baum von 3–15 m Höhe. Seine großen orangefarbenen oder rötlichen Früchte mit vier um den Stiel angeordneten Blättern ähneln großen Tomaten im Fruchtfleisch und in der Hautbeschaffenheit. Die Khaki ist adstringierend, wenn sie nicht völlig reif und weich geworden ist. Die Ursache dafür liegt in ihrem hohen Gerbstoffgehalt, der sich später verliert.

Manche Khakis sind hellgelb, andere dunkelorange. Beide können am selben Baum vorkommen. Die einfachste Art, Khakis zu essen, ist die aus der Hand. In Frankreich, Nordafrika, China und Japan sind getrocknete Khakis sehr geschätzt. Kauft man harte Khakis, so müssen sie bei Zimmertemperatur so lange aufbewahrt werden, bis sie butterweich sind. Die Khaki ist eine der Früchte, die am meisten mit Provitamin A ausgestattet ist. Anstatt Babys mit Karotten zu füttern, kann man ihnen also ebensogut Khakis geben. Khakis kommen im Oktober/November aus Israel, im Dezember/Januar aus Italien zu uns, aus Brasilien von März bis Juni.

Melonen *****

Es gibt nichts besseres als eine Reinigungskur mit Melonen.

Essen Sie für eine Woche nichts anderes als Melonen (oder trinken Sie Melonensaft). Damit erreichen Sie, daß Stoffwechselrückstände wirkungsvoll ausgeschieden werden. Sie können dabei 4–8 Pfund verlieren – und fühlen sich wie neugeboren.

Essen Sie Melonen, so oft Sie können. Damit schützen Sie Ihre Gesundheit.

Essen Sie Melonen immer allein und auf leeren Magen. Melonen passieren den Magen in ca.10 Minuten. Deshalb sollen sie nicht mit langsamer verdaulichen Lebensmitteln gemischt werden.

Früchte

Salate

Rote-Bete-Salat *****
2 Portionen

1 rote Bete
1 Apfel
1 Bund Karotten
Rosinen
Sonnenblumenkerne
Leinsamen
Zitrone

Der Salat sollte am besten zu mindestens einem Drittel, besser noch zur Hälfte, aus rote Bete bestehen.

Rote Bete, Apfel und Karotten fein schneiden oder grob raspeln, dekorativ in Ring- oder Kreisform ausrichten und Rosinen, Sonnenblumenkerne und Leinsamen darüber streuen. Wer mag, kann etwas Zitronensaft dazu geben.

Das Ganze kann auch vermischt werden, manche mögen es so noch lieber, besonders Kinder. Sie können auch gehackte Haselnüsse, Walnüsse oder Mandeln nehmen.

Energiesalat *****
2 Portionen

3 Tassen Kopfsalat, Eissalat, roter Blattsalat oder alles gemischt waschen, trocknen und in mundgerechte Stücke teilen

1 Tasse Spinat grob schneiden (nach Wahl)

1 kleine Gurke in Scheiben schneiden

1 mittelgroße Tomate in Würfel oder Scheiben schneiden

1–2 Tassen Keimlinge (Alfalfa, roter Klee, Mungobohnen, Linsen, Sonnenblumen oder Buchweizen oder alles gemischt) dazu rohes Gemüse jeder Art wie z.B. Karotten, Sellerie, Pilze, Rot- oder Weißkraut, Radieschen, rote Bete, Zucchini, Blumenkohl, Broccoli oder Artischocken (nach Wahl) geben.

1/4 Tasse Oliven oder einige Scheiben Avocado

1/2 Tasse Bohnen oder 1/4 Tasse Sonnenblumenkerne oder Sesamsamen (nach Wahl)

Alle Zutaten werden in einer großen Schüssel vermischt. Dazu kommen 1/4-1/3 Tasse leichte Salatsoße (siehe S. 50) oder eine Soße nach Ihrer Wahl. Gut vermischen.

Leichte Salatsoße für 1–2 Salatportionen

1 Knoblauchzehe halbiert
3 Eßlöffel Oliven-, Distel- oder kalt gepreßtes Sonnenblumenöl
1 Eßlöffel frischer Zitronensaft
1/4 Teelöffel Meersalz, Gewürzsalz oder salzfreies Gewürz, das weder Mono-Natrium-Glutamat (»Geschmacksverstärker«) noch andere chemische Stoffe enthält
frisch gemahlener schwarzer Pfeffer (nach Wahl)

Alle Zutaten kommen in einen Meßbecher, 15 Minuten stehen lassen, so daß das Öl den Knoblauchgeschmack annehmen kann. Dann den Knoblauch mit der Gabel anstechen und mit dieser Gabel den Inhalt des Bechers schlagen. Knoblauch entfernen. Die Soße über den Salat gießen und gut mischen.

Broccoli-Nuß-Salat *****
2 Portionen

2 Broccoli mit Röschen
1 Sellerieknolle
6–8 Kirschtomaten
1 Handvoll Walnüsse
Zitronensaft

Broccoli und Sellerie waschen und kleinschneiden.

Kirschtomaten waschen und halbieren. Nüsse und Zitronensaft hinzufügen. Auf einem Teller schön auslegen (oder alles mischen) und Luzerne- oder andere Keimlinge auf jede Portion streuen (wenn gewünscht).

Dieser Salat ist eine vollständige Mahlzeit. Er kann so gegessen werden oder zusammen mit grünem Salat.

Zucchini mit Basilikum Vinaigrette ****
3 Portionen

6 kleine Zucchini fein geschnitten
1 Teelöffel Dijonsenf
1 rote Pfefferschote oder Paprika in feine Streifen geschnitten (nach Wunsch)
1 grüne Pfefferschote oder Paprika in feine Streifen geschnitten (nach Wunsch)
1 Eßlöffel frischer Zitronensaft
1/4 Tasse frischer Basilikum gehackt oder 1 Eßl. getrockneter Basilikum
3 Eßlöffel Olivenöl
Frisch gemahlener schwarzer Pfeffer (nach Wunsch)
1 Eßlöffel rote Zwiebeln
1/4 Teel. Meersalz, Gewürzsalz oder salzfreies Gewürz

Zucchini in 1 cm dicke, schräge Scheiben schneiden und in dem Dampftopf geben, zugedeckt 3 Minuten oder bis sie weich sind über kochendem Wasser dämpfen. Auf eine Platte geben. Zwiebeln und Paprika dazugeben, wenn gewünscht. Die Zutaten der Vinaigrette in eine kleine Schüssel geben. Schlagen und mit dem Gemüse vermischen oder die Soße getrennt servieren. Zucchini nicht zerdrücken.

Terrys Supersalat *****
4 große Portionen

1–1 1/2 kg Tomaten
450 g Blumenkohl
4 mittlere oder große Avocados (oder 450 g gemahlene Nüsse oder Samen)
4 Stangen Sellerie
4 große rote oder grüne Paprika (vorzugsweise rot)
900 g Mangold oder anderes frisches Gemüse

Dieser Salat ist eine Hauptmahlzeit.

1. Tomaten waschen und zerschneiden, Blumenkohl mit Stiel und Blättern hacken oder zerschneiden. Avocados vierteln, schälen und schneiden.
2. Sellerie und Paprika waschen und kleinschneiden, Mangold waschen und zerschneiden.
3. Die Zutaten in eine Schüssel geben und alles vermischen. Dem Salat kann der Saft frisch gepreßter Pampelmusen zugefügt werden. Gehackte, weiße Rübchen, Kohlrabi oder Broccoli ersetzen den Blumenkohl oder ergänzen ihn. Anstatt Mangold kann man andere grüne Kohl- oder Salatarten verwenden.

Römische Salatrollen *****
2 Portionen

1 große Avocado
1 große Tomate, grob gehackt
1 Teelöffel brauner Senf (nach Wunsch)
1 Eßlöffel frischer Zitronensaft
1–2 Tassen Mungobohnen- oder Alfalfasprossen oder beides
1 kleine Gurke, geschält und gehackt
1 Eßlöffel rote Zwiebel, gehackt (nach Wunsch)
1 Kopf römischer Salat, gewaschen und getrocknet

Die knackigen, schlankmachenden Blätter des römischen Salates werden als Hülle verwendet. Sie werden mit einer Mischung aus Avocado und anderem Gemüse gefüllt.

Fruchtfleisch aus der Schale nehmen und in eine mittelgroße Schüssel geben und mit einer Gabel zerdrücken. Tomate und Gurke zugeben. Wenn gewünscht, Zwiebel und Senf zufügen, mit Zitronensaft beträufeln. Sprossen unterheben. Avocadomischung in die Mitte geben. Zum Essen einen großen Löffel voll Avocado in die Mitte eines Salatblattes geben und zusammenrollen.

Spargelsalat *****
2 Portionen

4 Blätter römischen Salat
2 große Sellerieknollen oder 2 kleine Mangoldstauden
1 Pampelmuse (nach Belieben)
900 g frischen (oder gefrorenen) Spargel
100 g rohe Kürbissamen (kleine) oder gehackte Mandeln

1. Der Spargel kann entweder roh oder gekocht verwendet werden (oder man kombiniert beides). Den Spargel in Stücke schneiden.
2. Wenn gekochter Spargel vorgesehen ist, schälen und 2–3 Min. lang kochen (nicht zu lange kochen lassen).
3. Den römischen Salat waschen, trocknen und zerkleinern, ebenso die Tomaten.
4. Sellerie und/oder Mangold waschen und schneiden.
5. Wenn die Tomaten wenig Geschmack haben, Pampelmusenschnitten hinzufügen. Anstelle von Pampelmusenschnitten können Sie auch Pampelmusensaft (frisch gepreßt) nehmen.
6. Alles schön dekorativ auf einen Teller anrichten oder die Zutaten mit Kürbissamen oder abgezogenen Mandeln mischen.

Spinatsalat mit Keimlingen ****
2 Portionen

2 Tassen Spinat, geschnitten
2 Tassen Alfalfakeimlinge
2 Tassen Kopfsalat, geschnitten
1 Tasse Gurke, gewürfelt
1 Tasse Kresse (nach Wunsch)
2 Eßlöffel Olivenöl
2 Teelöffel frischer Zitronensaft
1 mittelgroße Tomate in Scheiben geschnitten
1 Tasse gemischte Keimlinge – Linsen, Mungobohnen, Radieschen, Erbsen, roter Klee oder Weizenkörner
2 Teelöffel Sojasoße oder 1/2 Teelöffel Dijonsenf

Alles nach Wunsch und Geschick auf einem großen Teller legen oder Spinat, Salat, Tomaten, Gurke, Kresse und Keimlinge in eine große Schüssel geben. Öl zufügen und mischen. Zitronensaft und Sojasoße oder Senf dazugeben und noch einmal mischen.

Salat
»Niçoise« ***
4 Portionen

7–8 mittelgroße neue Kartoffeln (nach Wunsch geschält)
ca. 450 g frische Stangenbohnen
1 Tasse Mayonnaise (selbstgemacht)
Kräutergewürz
3 große Karotten
1 großer Strunk Broccoli
1/2 Teelöffel Thymian
2 Tassen frische oder gefrorene Erbsen

Die Karotten und die Kartoffeln werden zusammen in einem Gemüsedämpfer ca. 1/2 Stunde lang gedämpft, bis sie weich sind. (Stichprobe mit scharfem Messer.) In der Zwischenzeit wird das restliche Gemüse vorbereitet. Die Stangenbohnen werden in ca. 1 1/2 cm Stücke geschnitten, die Erbsen ausgepalt und der Broccoli in kleine Röschen geteilt.

Die Karotten und Kartoffeln werden nach dem Dämpfen zum Auskühlen beiseite gestellt und stattdessen die Erbsen und Stangenbohnen zusammen 15 minutenlang (gefrorene Erbsen 5 Minuten, zuletzt zufügen) in den Dampftopf gegeben.

Nach den 15 Minuten werden die Broccoliröschen dazugegeben und alles zusammen weitere 10 Minuten gedämpft (oder bis der Broccoli gar ist). Während das Grüngemüse dämpft, schneidet man die Karotten und Kartoffeln in kleine Würfel. Dann das ganze noch warme Gemüse in eine große Schüssel geben, mit der Mayonnaise, dem Thymian und dem Kräutergewürz gut durchmischen und durchziehen lassen. Auf einzelnen Tellern auf einem Salatblatt servieren, mit reichlich Tomatenvierteln und Gurkenscheiben garnieren oder mit dem Salat nach dem Grundrezept kombinieren.

Farmer's Chop Suey ****
2 Portionen

1 kleiner Eissalat oder Radiccio oder römischer Salat, gewaschen, getrocknet und grob geschnitten
2 Tassen Spinat, grob geschnitten
6 Radieschen, in Scheiben geschnitten
1 mittelgroße Gurke, in Scheiben geschnitten
1 große Tomate, gewürfelt oder in Scheiben geschnitten
1 grüne Paprika, in Scheiben geschnitten
1 kl. süße rote Paprika, in Scheiben geschnitten (nach Wunsch)
1–4 Eßlöffel Schalotten, in Scheiben, nach Geschmack
1 Tasse cremig gerührten Hüttenkäse oder Quark (auf Wunsch)
1 Teelöffel getrockneter Dill oder ein Eßlöffel frischer Dill
1/8 Teel. getrockneter Estragon
Kräutergewürz

Alles in eine große Schüssel geben oder einzeln darüber anrichten. Wenn Sie meinen, noch nicht ohne Milchprodukte auszukommen, können Sie in einer kleinen Schüssel den Sauerrahm und den Hüttenkäse vermischen. Dill, Estragon und Kräutergewürz nach Geschmack zufügen, über den Salat geben und gut durchmischen. Ein perfekter Salat als Hauptgericht.

Griechischer Sommersalat ****
1–2 Portionen

1/2 Tasse geschnittene Gurke
1/4 Tasse Karotten, in feine lange Streifen geschnitten
1/3 Tasse grüne oder schwarze Oliven
1/2 Tasse Zucchini, in feine lange Streifen geschnitten
1/2 Tasse Kräuterdressing (auf Wunsch)
3/4 Tasse zerbröckelter frischer Feta – griechischer Schafskäse – (auf Wunsch)
1 Tasse roter Blattsalat
1 Tasse Eisbergsalat
1 Tasse Spinat
1 Tasse Kopfsalat
1 große Handvoll Buchweizen- oder Alfalfasprossen
1 Eßlöffel feingehackter Sellerie
1 mittelgroße Tomate, geschnitten

Mischen Sie alle Gemüse in einer mittelgroßen Salatschüssel zusammen. Wenn Sie wollen, geben Sie dann die Soße und den Käse hinzu und mischen Sie alles vorsichtig, aber gut.

Griechischer Salat ****
2 Portionen

je 1 grüne, rote und gelbe Paprika
2 Tassen Feldsalat, Kopfsalat oder anderen Salat
8–10 Kirschtomaten (oder andere Tomaten)
griechischer Schafskäse (mild gesalzen)

Zutaten schneiden und auf einem großen Teller hübsch anrichten oder alles zusammen mischen.

Schafskäse kann sein, muß aber nicht sein. Wenn Sie wünschen, nehmen Sie etwas Zitronensaft und kaltgeschlagenes Öl.

Diesen Salat können Sie auch mit anderen Zutaten kombinieren wie z.B. mit Oliven, Zwiebeln, Kapern und Kräutern wie Oregano, Schnittlauch, Pfeffer usw.

Gesundheitssalat *****
1 Portion

2 Tassen in Stückchen gezupfter Kopfsalat
1 Tasse in Stückchen gezupfter Spinat
1 mittelgroße Tomate, in Stücke geschnitten
1/2 Tasse Linsensprossen
1 große Handvoll Mungobohnensprossen
1 große Handvoll Alfalfa- oder rote Kleesprossen
2 Eßlöffel fein geriebene Karotten
1/2 Avocado, in Stücke geschnitten
1/2 Avocado, zerdrückt
1/4 Tasse frischer Karottensaft

Vermischen Sie alle Zutaten in der angegebenen Reihenfolge.

Diese gesunde Mahlzeit gibt Ihnen ein so reines Gefühl und soviel Energie, daß Sie sicher den Wunsch haben werden, diesen Salat öfter zu essen, vor allem wenn gute Avocados auf dem Markt sind. Besonders sättigend für all jene, die auf Gewürze verzichten wollen.

Salate

Mexikanischer Salat ****
3–4 Portionen

2 Avocados
1 Pampelmuse
1/2 kleine Schalotte
1 Limone oder Zitrone
große Tomaten
kleine Tomaten
Rotkohl oder Weißkohl
Broccoli
ein Spritzer Kräuterwürze oder salzfreie Gemüsewürze (falls vorhanden)
Sellerie
frische Petersilie
Seetangpulver oder Seetanggranulat

1. Avocados schälen, vierteln und auf einem Teller mit einer Gabel zerdrücken. (Avocadoviertel, die sich nicht zerdrücken lassen, beiseite stellen.)
2. Pampelmuse und Limone ausdrücken, den Saft in einen Mixer geben.
3. Eine halbe Schalotte oder eine vergleichbare Menge Zwiebeln, etwas Seetang und Gewürz hinzufügen.
4. Avocadoviertel dazugeben.
5. Mixer-Inhalt bei hoher Geschwindigkeit verflüssigen und mit den zerdrückten Avocados in einer großen Schüssel mischen.
6. Kohl, Broccoli, Sellerie, Petersilie, große und kleine Tomaten zerschneiden.
7. Das zerkleinerte Gemüse in das Avocadomus geben und gut umrühren.
8. Mit ganzen Selleriestangen und Salatblättern servieren, als Sellerietunke und als Füllung für die Salatblätter benutzen. Luzernesprossen können darübergestreut werden.

Gemüsesaft-Cocktail *****

Rote Bete
Möhren
Sellerie
Petersilie

Rote Bete, Möhren und Sellerie auspressen und mischen. Etwas Petersiliensaft hinzugeben. Zur Geschmackseinstellung können Sie auch etwas Zitronensaft beigeben, dadurch verfärbt sich der Saft nicht so schnell. Säfte sofort nach dem Pressen in kleinen Schlückchen trinken, nicht hastig hinunterstürzen.

Frische Obst- und Gemüsesäfte reinigen den Körper. Sie sind die besten natürlichen Reinigungsmittel für den Menschen. Sie wirken wie ein »Besen« und kehren Abfälle und Giftstoffe aus dem Körper heraus.

Waldorfsalat ****
2 Portionen

1 1/2 Tassen gewürfelte Äpfel	
1/2 Tasse Zitronensaft	
1 1/4 Tasse gewürfelter Sellerie	

Mischen Sie Äpfel, Sellerie und Zitronensaft gut. Nehmen Sie mürbe, herbe Äpfel. Schütten Sie den Zitronensaft ab. Servieren Sie auf krausem Salat. Garnieren Sie mit Walnüssen.

Übergangskost

Borscht (Rote-Bete-Suppe) **
3–4 Portionen

1 kleine Zwiebel, gehackt
3 Tassen geschnitzelte rohe rote Bete
1 Tasse geschnitzelte rohe Möhren
1 Tasse gewürfelter Sellerie
2 Kartoffeln, gewürfelt, mit Schale
2 Zehen Knoblauch, klein gehackt
2 Tassen geschnitzelter Grünkohl (oder anderer Kohl)
3 frische Tomaten oder 1 Tasse eingemachte ungesalzene Tomaten
1 Teel. Zitronensaft oder Apfelessig
1/2 Teelöffel Seetang als Gewürz
2 Eßl. kaltgeschlagenes Pflanzenöl (z. B. Soja-, Oliven- o. Sonnenblumenöl)
1/2 Tasse saure Sahne (als Krönung)

Die gehackte Zwiebel etwa 3 Minuten in Öl gelb andünsten, 1 1/2 Liter dampfdestilliertes Wasser und das Gemüse hinzugeben; etwa 15–20 Minuten leicht kochen lassen – bis das Gemüse weich ist. Würzen mit Orangensaft oder Apfelobstessig. Als Krönung mit saurer Sahne garniert servieren!

Grüne Bohnen mit Knoblauch **
2 Portionen

1 Teel. zerdrückter Knoblauch
2 Eßlöffel Olivenöl
1/2 Teel. getrockneter Thymian
2 Tassen Wasser
1/2 Teel. Meersalz, Gewürzsalz oder salzfreies Gewürz
frisch gemahlener schwarzer Pfeffer
1 Spritzer Zitronensaft
4 Tassen frische oder tiefgefrorene Bohnen in 5 cm Stücke geschnitten
2 Teelöffel gekörnte Gemüsebrühe oder 1 Gemüsebrühwürfel

Öl in großer schwerer Pfanne (oder WOK) erhitzen. Knoblauch und Bohnen zufügen, bei starker Hitze schmoren, häufig umrühren, damit nichts anbrennt. Nach Geschmack Thymian, Meersalz und Pfeffer zugeben. Dann Wasser und Gemüsebrühe. Zum Kochen bringen, fest zudecken, Hitze auf mittelschwach reduzieren, 20–30 Minuten oder bis die Bohnen weich sind (mit scharfen Messer anstechen) köcheln. Falls nötig, mehr Wasser zugeben. Gefrorene Bohnen garen in der Hälfte der Zeit. Einen Spritzer Zitronensaft zugeben und gut vermischen.

Kroß geröstete Kartoffeln **
2–3 Portionen

5 neue Kartoffeln
Prise Gewürz nach Ihrer Wahl
1–2 Eßlöffel zerlassene Butter

Eine köstliche Alternative zu Pommes frites. Wenn Sie gerne Kartoffeln essen, werden Sie begeistert sein. Ein wahrhaft delikater Schmaus, bei dem die Kartoffeln nicht mit Öl getränkt werden. Allerdings dürfen Sie nicht zu viel davon essen. Stopfen Sie sich nicht voll. Es soll ein Genuß, aber keine Schlemmerei sein.

Kartoffeln im Dampftopf 20 Minuten über kochendem Wasser zugedeckt garen. Mit spitzem Messer Garprobe machen. Sie sollten nicht zu weich sein. Abkühlen lassen und in 1 cm dicke Scheiben schneiden. Auf ein Backblech legen und gleichmäßig mit Butter bestreichen. Mit Gewürz bestreuen und so nahe wie möglich an die Hitze des Backrohrs bringen. Ungefähr 10 Minuten oder bis sie kroß und goldfarben sind backen. Es ist nicht notwendig, sie umzudrehen.

Erbsensuppe **
8 Portionen

1 Tasse Karotten, grob gehackt
1 1/2 Tassen Zwiebeln, fein gehackt
2 Tassen Kohl, fein geraffelt
10 Tassen Wasser
2 Tassen grüne Erbsen
2 Eßl. Butter
1 Eßl. Distelöl
4 Eßl. frische Petersilie, fein gehackt
1 Teel. getrocknetes Basilikum
1 Teel. getrockneter Thymian
1 Teel. getrockneter Majoran
1 Teel. getrockneter wilder Majoran
1/2 Teel. getrocknetes Bohnenkraut
1/4 Teel. Gewürzsalz oder salzfreies Gewürz
1/2 Teel. Meersalz (nach Wahl)
1/8 Teel. getrockneter Salbei
1/8 Teel. getrockneter Estragon
1/4 Teel. Selleriesamen
1/4 Teel. gemahlener Koriander
1 Gemüsebrühwürfel
Frisch gemahlener Pfeffer nach Geschmack

Butter und Öl zusammen in einem großen Suppentopf erhitzen. Karotten, Sellerie, Zwiebeln, Knoblauch und Kohl zufügen und einige Minuten unter häufigem Umrühren schmoren. Wasser, Erbsen, Gewürze und Brühwürfel zugeben. Zum Kochen bringen. Zugedeckt bei Mittelhitze 1 1/2 Stunden unter häufigem Umrühren köcheln. Zuletzt Petersilie zugeben und abschmecken. Diese Suppe kann gut eingefroren werden.

Übergangskost

Gemüseplatte I ***
4 Portionen

4–6 zarte, junge Karotten in Streifen geschnitten
1 mittelgroße Zucchini, grün
1 mittelgroße Zucchini, gelb
1 kleiner Blumenkohl, weiß
1 kleiner Blumenkohl, grün
1 Kohlrabi, grün
1 Broccoli mit Röschen
2 Tassen grüne Bohnen

Gemüse zugedeckt über kochendem Wasser dämpfen. Auf Wunsch kann Butter oder Zitrone miteinander verrührt und über das Gemüse gegossen werden.

Gemüseplatte II **
3–4 Portionen

3–4 Rote Beten
1/2 mittelgroßer Kohlkopf
4 mittelgroße Karotten oder Pastinaken
4 kleine Zucchini oder irgendein beliebiges Gemüsesortiment
4 neue Kartoffeln, ungeschält oder
4 weiße Rüben, geschält
3 große Broccolistiele mit Röschen
1/4 Tasse Butter, zerlassen oder Kräuterbuttersoße
1 Spritzer frischer Zitronensaft (nach Wunsch)

Die rote Bete, Rüben und Karotten ungefähr 20 Minuten oder bis sie weich sind, im Gemüsedämpfer dämpfen.

Rote Bete schälen und Kartoffeln abpellen. Vom Broccoli die dicken Stengel abschneiden, dabei ungefähr 7 cm lange Stiele mit den Röschen belassen. Den Kohl vierteln, Broccoli, Kohl und die ganzen Zucchini in den Gemüsedämpfer geben und zugedeckt ungefähr 10 Min. dämpfen. Broccoli und Zucchini der Länge nach aufschneiden. Rote Bete und Kartoffeln sowie die Karotten in mundgerechte Würfel teilen.

Das grüne Gemüse in die Mitte der Platte geben, rote Bete, Kartoffeln und Karotten kreuzförmig außen herum anrichten. Mit zerlassener Butter, der ein Spritzer Zitronensaft beigegeben wurde, oder mit Kräuterbuttersoße servieren.

Übergangskost

Gedämpfte Artischocken ***
2 Portionen

4 große frische Artischocken
1 Eßlöffel frisch gepreßter Zitronensaft (nach Wunsch)
1/4 Tasse frische Butter

Variante: Man kann die Artischockenblätter auch in Mayonnaise tauchen. Am besten schmeckt hausgemachte Mayonnaise.

Nehmen Sie pro Person zwei Stück (nach Wunsch). Achten Sie beim Einkauf auf Früchte, deren Blätter noch nicht weit geöffnet sind. Je fester geschlossen, je kompakter die Früchte sind, um so frischer sind sie.

Schneiden Sie den kräftigen Stiel der Pflanze zu, und kappen Sie die dornigen Spitzen der Blätter. Waschen Sie die Früchte. Geben Sie sie in einen Gemüsedämpfer, dessen unterer Teil mit kochendem Wasser gefüllt ist. Lassen Sie das Wasser so schwach kochen, daß es nicht verkocht.

Die Artischocken werden – je nach Größe – 35–45 Minuten gedämpft. Sie sind gar, wenn die äußeren Blätter leicht entfernt werden können. Man läßt sie abtropfen und vor dem Servieren etwas abkühlen.

Lassen Sie die Butter schmelzen und fügen Sie Zitronensaft – nach Wunsch – hinzu.

Beim Essen entfernt man die Blätter vom Stiel, eines nach dem anderen, die äußeren zuerst. Jedes Blatt kann in Butter oder Zitronensaft getaucht werden, und der untere Teil, der weich ist, wird mit den Zähnen abgezogen.

Wenn Sie alle Blätter gegessen haben, finden Sie am oberen Ende des Artischockenbodens eine pelzartige Substanz, das Zentrum der Blüte (Blume). Man entfernt es mit einem Messer (niemals essen), und Sie finden nun das Herz der Artischocke. Man kann es in Stücke teilen, eintauchen und essen.

Guten Appetit und gutes Gelingen

Ich wünsche Ihnen mit diesem SonnenKost-Buch viel Vergnügen auf dem Wege zu einer besseren Gesundheit, mehr Lebensfreude und einer größeren Vitalität. Ich persönlich weiß aus meiner Tätigkeit als GesundheitsPraktiker der natürlichen Gesundheitslehre*, wie begeistert die Menschen sind, wenn sie sich auf eine leichtere Kost umstellen. Schon die Umstellung des üblichen morgendlichen Frühstücks mit Brot, Marmelade, Käse, Wurstauflage usw. auf Obst kann Wunder wirken.

Immer mehr Hotels und Restaurants bieten inzwischen neben »Vollwertkost«, die meines Erachtens noch viel zuviel Gekochtes und Gebratenes beinhaltet, auch SonnenKost an, das heißt morgens am Frühstücksbuffet finden Sie frisches Obst und Obstsalate (achten Sie darauf, daß es keine gezuckerten Obstsalate aus der Konservendose sind!), zum Mittagessen können Sie die köstlichsten Salatvariationen erhalten (viele Köche sind stolz auf ihre immer neuen Kreationen), und zum Abendessen darf es auch einmal etwas Gedünstetes oder Gebackenes sein (obwohl Obst zur Abendzeit am leichtesten verdaulich ist und Sie am besten danach schlafen können).

Nehmen Sie sich nur einmal **für eine Woche** vor, von SonnenKost zu leben. Sie werden überrascht sein, wie leicht

Sie sich fühlen und wie gut es Ihnen geht. Es kann aber auch zu leichten Ausscheidungskrisen kommen, die verbunden sein können mit Kopfschmerzen, einem leeren Gefühl im Magen, verändertem Stuhlgang usw. Dies sind normale Erscheinungen bei Menschen, die übergewichtig oder auch sonst stark verschlackt sind. Lesen Sie dann »Fit für's Leben« oder andere Gesundheitsbücher wie zum Beispiel »Die schleimfreie Heilkost« von *Prof. Arnold Ehret* oder »Richtige Ernährung mit natürlicher Nahrung« von *Dr. Herbert M. Shelton* oder »Topfit mit SonnenKost« von *Patrick Geryl* oder das Buch »Gesundheit ist eßbar« von dem deutschen Arzt *Prof. Dr. Moeller*. Hier finden Sie die Gründe, warum es mitunter zu Umstellungsschwierigkeiten kommen kann und wie Sie damit fertig werden. Kaufen Sie nach Möglichkeit Ihr Obst und Gemüse aus **biologischem Anbau**, am besten vom Bauern oder – noch besser – ziehen Sie sich Ihre Salate und Ihr Gemüse selbst im Garten. Wenn Sie auf Ihren Supermarkt angewiesen sind, so ist das hier erhältliche Obst und Gemüse für Sie immer noch viel besser als sogenannte »verfeinerte«, verarbeitete »Fabriknahrung«, die im allgemeinen einen viel höheren Schadstoffanteil enthält, da es sich dabei um konzentrierte Nahrungsmittel handelt. Ganz abgesehen davon sind »Fabriknahrungsmittel« überhaupt nicht mehr vollwertig, da durch die verschiedensten Verarbeitungsprozeße (Erhitzen, Bleichen, Schälen, Polieren, Konservieren) wichtige Vitamine, Enzyme und Mineralstoffe entzogen und oftmals synthetische Stoffe hinzugefügt worden sind.

Machen Sie einen Versuch mit SonnenKost – Ihrer Gesundheit zuliebe.

Ich wünsche guten Appetit!

* Sie können sich auch zum GesundheitsPraktiker ausbilden lassen durch einen Fernlehrgang für GesundheitsPraktiker von der Waldthausen-Gesundheitsschule, 27718 Ritterhude.

Maße und Menge

1 Tasse	=	ca. 150 g / 150 Milliliter (ml)
1 Suppentasse	=	ca. 200 g / 200 Milliliter (ml)
1 Eßlöffel (Eßl.)	=	10 Milliliter (ml)
1 Teelöffel (Teel.)	=	5 Milliliter (ml)
1 Liter (l)	=	10 Deziliter (dl)
	=	100 Zentiliter (cl)
	=	1000 Milliliter (ml)
1/2 Liter (l)	=	500 Milliliter (ml)
1/4 Liter (l)	=	250 Milliliter (ml)
1/8 Liter (l)	=	125 Milliliter (ml)
1000 Gramm	=	1 Kilogramm (kg)
500 Gramm	=	1/2 Kilogramm (kg)
250 Gramm	=	1/4 Kilogramm (kg)
125 Gramm	=	1/8 Kilogramm (kg)
1 Kilogramm (kg)	=	2 Pfund
1/2 Kilogramm (kg)	=	1 Pfund
1/4 Kilogramm (kg)	=	1/2 Pfund
1/8 Kilogramm (kg)	=	1/4 Pfund

Über den Herausgeber

Manfred G. Langer hatte seit seiner Kindheit mit allen möglichen Krankheiten zu kämpfen. Mit der Ernährungsumstellung auf Vollwertkost verschwanden die ersten Beschwerden. *Manfred G. Langer* wollte mehr über die Zusammenhänge von Ernährung und Gesundheit wissen und wurde bei *Dr. Bruker* zum Gesundheitsberater ausgebildet. Während seiner verschiedenen Reisen nach Amerika lernte er die »Natural Hygiene« – die natürliche Gesundheitslehre – und deren Vertreter wie *Dr. Herbert M. Shelton*, *T. C. Fry*, *Harvey* und *Marilyn Diamond* und viele andere kennen und wurde durch das Studium des »Life Science Health«-Systems zum GesundheitsPraktiker und vertritt heute die ganzheitlichen Lehren über eine natürliche Gesundheit. Dazu gehören die Ernährung mit lebendigen Nahrungsmitteln (Obst, Gemüse, Salate, Nüsse und Saaten), frische Luft, reines Wasser, Licht und Sonne, Bewegung, Ruhe und Entspannung, innere und äußere Reinheit des Körpers, Selbstvertrauen, kreative nützliche Arbeit, geistige und seelische Ausgeglichenheit.

Manfred G. Langer geht es heute mit 60 Jahren weitaus besser als mit 30 Jahren. Seine Kenntnisse und Erfahrungen gibt er in Seminaren, Vorträgen und Beratungen weiter. Er ist Vorsitzender der Gesellschaft für natürliche Lebenskunde in Worpswede, die sich mit Aufklärungsarbeiten, Einrichtung von Gesundheitszentren, Durchführung von Gesundheitskongressen, Meinungs- und Informationsaustausch, Veröffentlichung der Zeitschrift »Fit fürs Leben« sowie Gesundheitsbüchern beschäftigt.

Manfred G. Langers Devise ist, »gesund bleiben, gesund werden ist auch in unserer heutigen Zeit möglich, wenn wir lernen, die einfachen Regeln der Naturgesetze zu beachten. Einfachheit und Mäßigkeit in der Ernährung und in der Lebensweise ist der Schlüssel.«

Literaturhinweise

Dr. Paul C. Bragg und
Dr. Patricia Bragg
»Wasser – das größte Gesundheitsgeheimnis«

Harvey und *Marilyn Diamond*
»Fit für's Leben« Teil I

Harvey und *Marilyn Diamond*
»Fit für's Leben« Teil II

Marilyn Diamond
»Neue Eßkultur mit SonnenKost«

Prof. Arnold Ehret
»Die schleimfreie Heilkost«

Prof. Dr. Michael Lukas Moeller
»Gesundheit ist eßbar«

Dr. Herbert M. Shelton
»Richtige Ernährung mit natürlicher Nahrung«

Helmut Wandmaker
»Willst Du gesund sein? Vergiß den Kochtopf!«

Patrick Geryl
»Topfit mit SonnenKost«

Jan und *Inge Dries*
»Lebensmittel richtig kombinieren«

Dr. Ralph Cinque
»Neue Lebensgewohnheiten«

Dr. Henry L. N. Anderson
»Ihre Gesundheit liegt in ihrer Hand«

Divna Omaljev-Bongartz
»Tagebuch einer Schwangerschaft mit SonnenKost«